essentials

Essentials liefern aktuelles Wissen in konzentrierter Form. Die Essenz dessen, worauf es als „State-of-the-Art" in der gegenwärtigen Fachdiskussion oder in der Praxis ankommt. essentials informieren schnell, unkompliziert und verständlich.

- als Einführung in ein aktuelles Thema aus Ihrem Fachgebiet
- als Einstieg in ein für Sie noch unbekanntes Themenfeld
- als Einblick, um zum Thema mitreden zu können.

Die Bücher in elektronischer und gedruckter Form bringen das Expertenwissen von Springer-Fachautoren kompakt zur Darstellung. Sie sind besonders für die Nutzung als eBook auf Tablet-PCs, eBook-Readern und Smartphones geeignet.

Essentials: Wissensbausteine aus den Wirtschafts, Sozial- und Geisteswissenschaften, aus Technik und Naturwissenschaften sowie aus Medizin, Psychologie und Gesundheitsberufen. Von renommierten Autoren aller Springer-Verlagsmarken.

Sissi Closs

DITA – der topic-basierte XML-Standard

Ein schneller Einstieg

Sissi Closs
Berg-Höhenrain
Deutschland

ISSN 2197-6708   ISSN 2197-6716 (electronic)
essentials
ISBN 978-3-658-11614-9   ISBN 978-3-658-11615-6 (eBook)
DOI 10.1007/978-3-658-11615-6

Springer Vieweg

Gedruckt auf säurefreiem und chlorfrei gebleichtem Papier

Springer Fachmedien Wiesbaden ist Teil der Fachverlagsgruppe Springer Science+Business Media
(www.springer.com)

Was Sie in diesem Essential finden können

- Vorteile der topic-basierten Strukturierung
- Einführung in die zentralen DITA-Features und ihre Vorteile für ein modernes Informationsmanagement
- Die wichtigsten Erkenntnisse, um eine Entscheidung für den Einsatz von DITA treffen zu können

Vorwort

Der XML-Standard DITA (Darwin Information Typing Architecture) hat sich in den letzten Jahren im Bereich der Technischen Kommunikation etabliert. Die konsequente Ausrichtung auf topic-basierte Strukturen ist eine notwendige Voraussetzung für effizientes Single Sourcing und eignet sich zudem hervorragend für die moderne Art der Inhaltspräsentation und -nutzung, insbesondere auf mobilen Geräten.

In jüngster Zeit hält DITA daher auch Einzug in Bereiche wie Marketing, Schulung und Unternehmenskommunikation (Closs 2014b).

Inhaltsverzeichnis

1 Was ist DITA? 1

   1.1 DITA trifft den Nerv der Zeit 3

   1.2 Was macht DITA so besonders? 4

   1.3 Was steht für DITA kostenlos zur Verfügung? 4

   1.4 Wie ist DITA entstanden? 5

   1.5 Was bedeutet die Bezeichnung „DITA"? 6

   1.6 Wo kann DITA eingesetzt werden? 6

2 Basisprinzip für DITA: Topic-orientierte Strukturierung 7

   2.1 Was ist ein Topic? 8

   2.2 Wozu werden Topic-Typen benötigt? 9

3 Klassenkonzept am Beispiel 11

   3.1 Ausgangsmaterial für „Kaffee machen" 11

   3.2 Klassenkonzept entwickeln 11

4 Umsetzung in DITA 17

   4.1 Elemente für Blockstrukturen und Inline-Elemente 17

   4.2 DITA Task 18

   4.3 DITA Concept 19

   4.4 DITA Reference 20

   4.5 DITA Glossentry 21

5 Topics zusammenbauen 23

   5.1 Verschachtelung von Topics 23

   5.2 DITA-Map 24

6 Beziehungen festlegen 25
   6.1 Verlinkung über die Map 26
   6.2 Links im Topic 28

7 Inhalte wiederverwenden durch Einbettung 29

8 Adressierung 33
   8.1 Direkte Adressierung 33
   8.2 Mehr Freiheit durch indirekte Adressierung 33

9 Varianten 37
   9.1 Unterschiedliche Maps 37
   9.2 Variablen 37
   9.3 Filterung 38

10 Zusammenarbeit in geregelten Bahnen 43

11 Wie entsteht ein Informationsprodukt? 45

12 Produktion mit dem DITA Open Toolkit 49
   12.1 Was enthält das DITA Open Toolkit? 49
   12.2 DITA Open Toolkit installieren 51
   12.3 Ausgaben mit DITA Open Toolkit erzeugen 52
   12.4 Die erste Publikation 52
   12.5 Parameter für die Publikation 53

13 DITA-Spezialisierung 55

14 Warum lohnt es sich, auf DITA zu setzen? 57

Was Sie aus diesem Essential mitnehmen können 59

Literatur 61

Was ist DITA?

DITA wird gerne mit dem Baukastensystem Lego verglichen. Ähnlich wie aus Lego-Bausteinen die vielfältigsten Nachbauten der realen Welt wie Häuser, Autos, Landschaften entstehen, können aus DITA-Bausteinen, „Topics" genannt, Informationsprodukte nach Bedarf erstellt werden.

Das Baukastensystem sorgt bei Lego wie bei DITA für die Flexibilität und ermöglicht es, aus ein und demselben Repertoire an Bausteinen die unterschiedlichsten Gebilde zu schaffen.

Beispiel

Einen Auszug aus einem Topic-Repertoire zum Thema „Kaffee" zeigt Abb. 1.1. Daraus kann eine Kurzanleitung für „Kaffee kochen" entstehen (Abb. 1.2), die nur eine der vielen Möglichkeiten, Kaffee zu machen und warm zu halten, beschreibt. Voraussetzungen, Hinweise und die restlichen Topics werden in der Kurzanleitung bewusst weggelassen.

Auch ein komplettes Kaffeebuch kann aus dem Kaffee-Topic-Repertoire entstehen (Abb. 1.3), in dem zusammen mit anderen Topics dieselben Topics wie in der Kurzanleitung vorkommen, allerdings mit ihrem kompletten Inhalt.

Das Beispiel zeigt, dass sich in der Kurzanleitung und im Kaffeebuch nicht nur Auswahl und Zusammenstellung der Topics unterscheiden können, sondern auch die Inhalte, die von einem Topic angezeigt werden, sowie deren Darstellung.

© Springer Fachmedien Wiesbaden 2015
S. Closs, *DITA – der topic-basierte XML-Standard,* essentials,
DOI 10.1007/978-3-658-11615-6_1

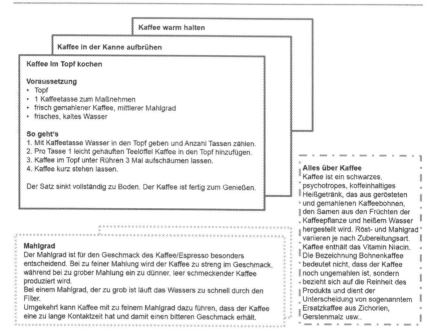

Abb. 1.1 Auszug aus Topic-Repertoire zum Thema „Kaffee"

Kurzanleitung Kaffee machen

Kaffee im Topf kochen
1. Mit Kaffeetasse Wasser in den Topf geben und Anzahl Tassen zählen.
2. Pro Tasse 1 leicht gehäuften Teelöffel Kaffee in den Topf hinzufügen.
3. Kaffee im Topf unter Rühren 3 Mal aufschäumen lassen.
4. Kaffee kurz stehen lassen.

Der Satz sinkt vollständig zu Boden. Der Kaffee ist fertig zum Genießen.

Kaffee warm halten
1. Kaffee in Thermoskanne gießen.
2. Thermoskanne verschließen.

Der Kaffee bleibt ca. 2 Stunden warm.

Abb. 1.2 Kurzanleitung „Kaffee machen"

Abb. 1.3 Kaffeebuch

1.1 DITA trifft den Nerv der Zeit

Die klassische buchorientierte Produktion stößt an ihre Grenzen, da sich die Anforderungen an Informationsprodukte deutlich geändert haben. Auf Seiten der Nutzer werden nicht mehr umfassende Gesamtwerke gewünscht, sondern möglichst individuell passende Informationspäckchen, die genau auf den Nutzer, die Situation und den aktuellen Bedarf zugeschnitten sind. Zudem sollen sie optimal auf dem jeweiligen Anzeigemedium dargestellt werden.

Gleichzeitig wächst für die Informationsanbieter die Variantenvielfalt der Produkte kontinuierlich und die Gültigkeitszyklen werden immer kürzer, sodass die in der herkömmlichen Produktion übliche redundante Inhalthaltung immer teurer und fehleranfälliger wird, insbesondere, wenn die genannten Nutzererwartungen erfüllt werden sollen.

Die topic-orientierte Strukturierung bietet Methoden und Techniken, mit denen die Herausforderungen gemeistert werden können.

DITA setzt auf Modularisierung, Minimalismus, Wiederverwendung und Single Sourcing und bietet einen Rahmen für die Umsetzung auf XML-Basis, in dem bewährte Methoden und Techniken wie Information Mapping® von Horn (Horn

1986), Klassenkonzepttechnik® von Closs (2011), Funktionsdesign® von Muthig und Schäflein-Armbruster (2014) und Reuse-Methoden von Rockley (2003) umgesetzt werden können. Das schafft Vertrauen und bietet die Chance für gute, nachhaltige Lösungen.

1.2   Was macht DITA so besonders?

Die große Akzeptanz verdankt DITA zum einen der konsequenten Ausrichtung auf topic-orientierte Strukturierung und zum anderen der Tatsache, dass es ein offener Standard und damit lizenzkostenfrei einsetzbar ist. Das fördert die Verbreitung, die wiederum dafür sorgt, dass das Anwendungs-Know-how wächst und immer mehr Tools entwickelt werden, die den Einsatz von DITA erleichtern.

Zudem enthält DITA das Konzept der Spezialisierung, wonach nach vorgegebenen Regeln Anpassungen und Erweiterungen an der Sprache vorgenommen werden können, ohne dadurch die Austauschbarkeit zu stark zu gefährden.

Es gibt eine große DITA-Gemeinde. Immer mehr Unternehmen setzen DITA zur Strukturierung und als Quellformat ihrer Inhalte ein, und immer mehr Hersteller von Dokumentationswerkzeugen unterstützen DITA.

1.3   Was steht für DITA kostenlos zur Verfügung?

Für den DITA-Standard steht Folgendes unentgeltlich zur Verfügung:

Sprachdefinition
Die Definition der DITA-Sprache liegt in Form von XML-DTDs und XML-Schemas vor (OASIS 2010).

Dokumentation des DITA-Standards
Für die DITA-Sprache gibt es die offizielle DITA-Spezifikation in HTML, als PDF-Datei und als CHM-Datei im Microsoft-Hilfeformat (HTML Help). Die Spezifikation besteht im Wesentlichen aus zwei Teilen: einer Beschreibung der DITA-Konzepte und einer Referenz über alle Elemente und Attribute der Sprache.

Die Dokumentquellen sind mit DITA strukturiert und dienen damit als Beispiele für Inhalte, die in ähnlicher Form in der Praxis häufig vorkommen.

DITA Open Toolkit

Mit dem Standard steht bereits ein passendes und kostenloses DITA Open Toolkit (DITA OT) zur Verfügung (DITA Open Toolkit). Dieses enthält eine Sammlung von Skripten und Programmen, die aus DITA-Quellen verschiedene Ausgabeformate erzeugen. Mit dem DITA OT und gegebenenfalls weiteren PlugIns sind u. a. HTML, XHTML, PDF, EPUB, HTML5 mit JQuery mobile, HTML Help, Java-Help, EclipseHelp, DocBook, Troff, RTF erzeugbar. DITA OT wird kontinuierlich weiterentwickelt. Es ist die Referenzimplementierung für den Standard, d. h. die Funktionalität ist so umgesetzt, wie sie vom Standard gedacht ist.

Das DITA Open Toolkit bietet auch Beispieldaten, mit denen die Skripte getestet werden können. Um einen ersten Eindruck der DITA-Welt zu bekommen, ist es daher am günstigsten und schnellsten, mit dem DITA Open Toolkit zu starten.

Für das DITA Open Toolkit gibt es ein Installationshandbuch und weitere Dokumentation.

Beispielanwendungen

Entsprechend dem Open Source-Gedanken stellen viele DITA-Nutzer ihre DITA-Anwendungen frei zugänglich zur Verfügung.

Artikel

Die DITA-Konzepte sind in zahlreichen Artikeln beschrieben, die über die OASIS-Seite zu finden sind (DITA XML.org).

1.4 Wie ist DITA entstanden?

IBM hat Ende der 1990er Jahre DITA zunächst für die eigenen Dokumentations-anforderungen definiert.

Um die Verbreitung und Weiterentwicklung voranzutreiben, hat IBM 2004 DITA als Open-Source-Architektur an OASIS (Organization for the Advancement of Structured Information Standards) übergeben. Im Mai 2005 wurde DITA Version 1.0 als Standard von OASIS verabschiedet, im August 2007 folgte Version 1.1, im November 2010 Version 1.2. Ende 2015 soll die Version 1.3 erscheinen.

Sofern auf DITA-Details in diesem Essential eingegangen wird, beziehen diese sich bereits auf die Version DITA 1.3.

1.5   Was bedeutet die Bezeichnung „DITA"?

Der Name Darwin Information Typing Architecture steht für Kernkonzepte, die in DITA zum Einsatz kommen (Day et al. 2005).

„Darwin" in Anlehnung an Charles Darwin, den Begründer der Evolutionstheorie, steht für Vererbung und Anpassbarkeit.

„Information Typing" bezieht sich auf die Typisierung von Topics und Maps.

„Architecture" besagt, dass für die im Standard enthaltenen Topic- und Map-Typen schon ein Rahmen vorgegeben ist, der festlegt, wozu sie dienen sowie wie sie erstellt und verwendet werden sollen. Außerdem gibt DITA Regeln und Vorgehensweisen vor, wie die Architektur angepasst und erweitert werden kann.

1.6   Wo kann DITA eingesetzt werden?

Ursprünglich kommt DITA aus einem Technischen Dokumentationsumfeld und dort insbesondere aus der Softwaredokumentation. Das hat anfangs dazu geführt, dass DITA der Ruf anhing, es sei nur für Softwaredokumentation einsetzbar. Aber das stimmt keineswegs. Ganz im Gegenteil: Der Topic-Ansatz verbunden mit der Flexibilität, für jeden Inhalt passende Topic-Typen zu verwenden, machen DITA zu einem generischen Standard, der in jedem Bereich für die Strukturierung der Inhalte und als Quellformat verwendet werden kann. Erfolgreiche DITA-Anwendungen zeigen, dass auf breiter Ebene Wiederverwendung von Inhalten erzielt werden kann und erstmalig tatsächlich Synergien zwischen klassisch getrennten Bereichen wie Marketing, Schulung, Produktinformationsentwicklung, geschaffen werden können (Closs 2014b).

DITA setzt auf die topic-orientierte Strukturierung. Die Grundidee dieses Strukturierungsprinzips ist die Aufteilung des Inhalts auf Bausteine, genannt „Topics", mit dem Ziel, Inhalte flexibel zusammenstellen und wiederverwenden zu können. Dieses Strukturierungsprinzip hat eine lange Geschichte und wurde auch schon in der klassischen Buchproduktion für Lexika und Glossare genutzt (Closs 2011).

Beispiel

Die Begriffsdefinition ist ein gutes Topic-Beispiel. Der Begriff wird nur einmal definiert. Seine Definition kann dann überall verwendet werden, wo der Begriff vorkommt und eine Erklärung gewünscht wird. Die Topic-Vorteile sind sofort erkennbar:

- Bei Übersetzungen müssen keine redundanten Inhalte mehrfach übersetzt werden.
- Bei Änderungen müssen die Änderungen nur an einer Stelle durchgeführt werden und stehen dann überall wieder konsistent zur Verfügung.
- Die Begriffsdefinition kann unabhängig von den Inhalten erstellt werden, in denen der Begriff vorkommt.
- Erstellung und Pflege können eigens dafür ausgewählte Personen übernehmen, die nicht mit den anderen Inhalten betraut sind.

Topic-orientierte Strukturierung kam aber erst richtig ins Leben, als Inhalte sowohl digital erstellt als auch am Bildschirm präsentiert werden konnten und wichtige Funktionen, insbesondere die Verlinkung, technisch effektiv umsetzbar waren.

Eine erste Blüte erlebte die topic-orientierte Strukturierung mit dem Aufkommen von Online-Hilfen für Software. Es entstanden Tools, genannt Online-Autorenwerkzeuge, die sowohl die Erstellung der Topics als auch das Einbinden von

© Springer Fachmedien Wiesbaden 2015
S. Closs, *DITA – der topic-basierte XML-Standard*, essentials,
DOI 10.1007/978-3-658-11615-6_2

technischer Funktionalität ohne Programmieraufwand komfortabel unterstützen. Allerdings sind die Quellen bis zu einem gewissen Grad toolspezifisch. DITA bietet dagegen eine weitgehend tool- und herstellerunabhängige XML-Basis für die Quellen.

2.1   Was ist ein Topic?

Nicht jedes Inhaltsschnipsel ist schon ein gelungenes Topic. Wie das Beispiel der Begriffsdefinition zeigt, soll ein Topic ein in sich abgeschlossener, möglichst kontextunabhängiger Inhaltsbaustein sein, der eine Kernaussage enthält und möglichst für sich genommen aussagekräftig ist. Die Aufteilung von Inhalten auf Topics muss nicht nur inhalts- und nutzungsbezogen sein, sondern kann auch technische oder organisatorische Gründe haben. Es gibt keine Vorgaben für die Größe eines Topics. Allerdings sollte ein Topic nicht zu groß sein, weil dann zum einen die Gefahr besteht, dass der Inhalt mehr als eine Kernaussage enthält und zum anderen die Darstellung auf kleinen Anzeigegeräten schwierig ist. Auch sollte ein Topic nicht zu klein sein, damit es noch einen aussagekräftigen Inhalt enthält, der sinnvoll verwaltet werden kann.

Beim herkömmlichen buch-orientierten Schreiben wird Inhalt im Kontext erstellt. Hierarchie und Reihenfolge der Themen sind festgelegt, beschreibende und anleitende Inhalte sind häufig vermischt, derselbe Inhalt kommt an unterschiedlichen Stellen redundant aber nicht identisch vor. Dagegen sollen Topics möglichst losgelöst von einer Publikation und kontextunabhängig erstellt werden, damit sie vielseitig einsetzbar sind und ein Sachverhalt nicht mehrfach, sondern nur einmal beschrieben wird („Single Point of Truth"). So wie beim Erstellen einer Begriffsdefinition nicht unbedingt bekannt ist, wo der Begriff überall verwendet wird, gilt generell beim Erstellen eines Topics, dass sich sein Kontext erst ergibt, wenn für einen speziellen Zweck und eine spezielle Zielgruppe Inhalte zusammengestellt werden.

Bei der Präsentation der Inhalte für die Nutzung wird bei einer Bildschirmausgabe im einfachsten Fall ein Topic auch als separate Seite angezeigt. Aber dies ist nicht notwendig so. Inhalte, die in der Quelle auf mehrere Topics aufgeteilt sind, können durchaus zusammenhängend präsentiert werden, wenn dies für die Nutzung angebracht ist.

Für Neulinge in der topic-orientierten Strukturierung ist die Aufteilung von Inhalten auf Topics ungewohnt. Die Topic-Regeln der Klassenkonzepttechnik helfen, die richtige Aufteilung zu finden (Closs 2011).

DITA Topic
DITA-Topics sollen den Topic-Regeln genügen und haben obligatorisch eine Überschrift und einen bestimmten Topic-Typ. Bei einer dateibasierten Verwaltung wird jedes DITA-Topic üblicherweise in einer eigenen Datei gespeichert.

2.2 Wozu werden Topic-Typen benötigt?

Topics bieten mehr Flexibilität, erfordern aber einen hohen organisatorischen Aufwand, weil schnell sehr viele Topics entstehen, die geplant, erstellt, verwaltet und geschickt organisiert werden müssen, damit sie wieder gefunden werden. Einen methodischen Lösungsansatz, die Größenordnung im Griff zu behalten, bietet die Klassifizierung. Mit geeigneten Klassifizierungskriterien werden die Topics in verschiedene Typen eingeteilt, die durch Merkmale wie Überschriftsform, Inhaltsart und ähnliche charakterisiert sind. Statt jedes Topic einzeln planen zu müssen, genügt es, nur wenige Topic-Typen zu konzipieren. In der Regel reichen für die Architektur eines Dokumentationsumfelds weniger als zehn Topic-Typen. Zu einem Topic-Typ können dann beliebig viele Topics kontrolliert und konsistent erstellt werden.

Die Konzeption von Topic-Typen ist eine zentrale Aufgabe für Informationsarchitekten (Closs 2014a). Die Klassenkonzepttechnik unterstützt die iterative, agile Entwicklung von Topic-Typen und ihren charakteristischen Merkmalen (Closs 2011).

Beispiel

Ein typisches Klassifizierungskriterium ist die Inhaltsart. Nach einer erwiesenen Modularisierungsregel, die besagt, dass erklärende von anleitenden Inhalten getrennt werden sollen („Trenne Was von Wie"), ergeben sich daraus Topic-Typen, die auch DITA mit `concept` und `task` von Anfang an enthält (Bellamy 2012). Der optimale Aufbau einer Anleitung ist ausgiebig erforscht: zuerst die Voraussetzung, dann die einzelnen Handlungsschritte, dann das Ergebnis. DITA hat dafür die passenden XML-Elemente und -Strukturen definiert.

Vorteile der Klassenbildung
Die Topic-Typen schaffen einen Rahmen, der für Effizienz und Qualität sorgt und die langfristige Stabilität eines Topic-Pools sicherstellen kann.

DITA Topic-Typen

Geeignete Topic-Typen zu finden ist keine einfache Aufgabe. Hier zeigt sich wieder ein Vorteil von DITA. Wie der Name schon sagt, unterstützt der Standard Typisierung. Für die gängigen Inhaltsarten wie Schrittanleitungen, Beschreibungen und Glossareinträge haben sich im Laufe der Jahre geeignete Topic-Typen etabliert. DITA greift diese auf und bietet ausgehend vom generischen Topic-Typ vordefinierte Spezialisierungen für etablierte Topic-Grundtypen. Tabelle 2.1 zeigt die Grundtypen in DITA 1.3.

Zusätzlich bietet DITA Topic-Typen für spezifische Anwendungsbereiche. Dazu gehören eine Reihe von Topic-Typen für das Lernumfeld: LearningAssessment, LearningOverview, LearningPlan und LearningSummary.

Die Topic-Typen haben gemeinsame Elemente, wie zum Beispiel das Element `title` für die Überschrift. Ihre spezifischen Elemente charakterisieren Art und Aufbau der Inhalte, für die sie gedacht sind.

Tab. 2.1 DITA Topic-Typen

DITA Topic-Typ	Für
`concept`	Hintergrundinformation, Konzept, Zusammenhänge, Überblick
`glossentry`	Begriffsdefinition
`machinery task`	Anleitung im Maschinenbau
`reference`	Fakten, Funktions-, Kommando-, Parameterbeschreibung
`task`	Anleitung, Prozedur
`topic`	Inhalte, die in keinen anderen Topic-Typ passen und Ausgangstyp für Spezialisierungen
`troubleshooting` (DITA 1.3)	Fehlermeldung und -behebung

Klassenkonzept am Beispiel 3

Die Aufteilung und Typisierung von Inhalten für die Erstellung eines ersten Klassenkonzepts wird im Folgenden anhand des Kaffeethemas veranschaulicht.

3.1 Ausgangsmaterial für „Kaffee machen"

Typischerweise liegt Ausgangsmaterial (Abb. 3.1) vor, das richtige Inhalte enthält, die aber weder sinnvoll strukturiert noch gut formuliert sind.

Sicherlich ist bei diesem weitläufig bekannten Thema aufs Erste betrachtet die Information ausreichend, um Kaffee zu machen. Aber bei näherem Hinsehen erkennt man schnell, dass wichtige Details fehlen, z. B. wieviel Kaffee benötigt wird, dass die Inhalte nicht klar strukturiert sind, weil beispielsweise beim Aufbrühen das Warmhalten erwähnt wird, und der Schreibstil sehr unterschiedlich ist. Bei unbekannten und schwierigeren Themen führen solche Schwachpunkte dazu, dass die Inhalte nicht verstanden werden und nicht ausreichen, um eine Aufgabe zufriedenstellend zu lösen.

3.2 Klassenkonzept entwickeln

Eine topic-basierte Lösung kann diese Schwachpunkte beheben, wobei die Klassenkonzepttechnik hilft, systematisch passende Topic-Typen zu finden und ihre Merkmale festzulegen (Closs 2011).

Inhalt klassifizieren
Der vorhandene Inhalt wird analysiert, und die unterschiedlichen Inhaltsarten werden markiert. Eine sinnvolle Aufteilung zeigt Abb. 3.2.

© Springer Fachmedien Wiesbaden 2015
S. Closs, *DITA – der topic-basierte XML-Standard,* essentials,
DOI 10.1007/978-3-658-11615-6_3

Aufbrühen in der Kanne
Geben Sie gemahlenen Kaffee in eine Kanne. Überbrühen sie ihn mit etwa einem Drittel des kochenden Wassers. Achtung hier besteht akute Verbrennungsgefahr! Nach etwa einer Minute den Rest des heißen Wassers aufgießen. Den Kaffee noch ein bis zwei Minuten ziehen lassen. Gießen Sie den Kaffee in eine vorgewärmte Thermoskanne. Durch die angepasste Brühzeit sorgen Sie dafür, dass der Kaffee alle Aromastoffe enthält und sich die Bitterstoffe nicht aus dem Kaffeesatz lösen.

Das Wasser
Nur frisches Wasser verwenden und kalt aufsetzen, denn dann enthält das Wasser mehr Sauerstoff und der Geschmack ist nicht flach, wie es bei Verwendung von sauerstoffarmen Wasser der Fall ist. Am besten eignet sich Wasser mit fünf bis sechs Härtegraden. Ist das Wasser weicher, so kann eine Prise Salz Abhilfe schaffen. Ist das Wasser zu hart, verschlechtert sich vor allem das Aussehen des Getränks. Hier können Sie das Wasser gegebenenfalls mit speziellen Filtern enthärten.

Kaffee im Topf kochen
Du misst einfach aus, wie viele Kaffeetassen Wasser in Deinen 5l-Topf hineinpassen. Nur frisches Wasser verwenden! Pro Tasse fügst du dann einen leicht gehäuften TI Kaffee hinzu. In der arabischen Variante noch einige Prisen Gewürz (Kardamom oder Zimt) und pro Tasse 1 TI Zucker hinzufügen. Dies bringt man zum Kochen und lässt es unter Rühren 3x aufschäumen (der Topf sollte daher nur zu 2/3 gefüllt sein). Dann lässt man alles noch kurz stehen (1 min), der Satz sinkt dabei vollständig zu Boden, und du kannst den feinsten und aromatischsten Kaffee heiß und allen Gästen gleichzeitig anbieten!

Abb. 3.1 Ausgangsmaterial zum Thema Kaffee machen

Aufbrühen in der Kanne

Geben Sie gemahlenen Kaffee in eine Kanne. Überbrühen Sie ihn mit etwa einem Drittel des kochenden Wassers. Achtung hier besteht akute Verbrennungsgefahr! Nach etwa einer Minute den Rest des heißen Wassers aufgießen. Den Kaffee noch ein bis zwei Minuten ziehen lassen. Gießen Sie den Kaffee in eine vorgewärmte Thermoskanne. Durch die angepasste Brühzeit sorgen Sie dafür, dass der Kaffee alle Aromastoffe enthält und sich die Bitterstoffe nicht aus dem Kaffeesatz lösen.

Das Wasser

Nur frisches Wasser verwenden und kalt aufsetzen, denn dann enthält das Wasser mehr Sauerstoff und der Geschmack ist nicht flach, wie es bei Verwendung von sauerstoffarmen Wasser der Fall ist.

Am besten eignet sich Wasser mit fünf bis sechs Härtegraden. Ist das Wasser weicher, so kann eine Prise Salz Abhilfe schaffen. Ist das Wasser zu hart, verschlechtert sich vor allem das Aussehen des Getränks. Hier können Sie das Wasser gegebenenfalls mit speziellen Filtern enthärten.

Kaffee im Topf kochen

Du misst einfach aus, wie viele Kaffeetassen Wasser in Deinen 5l-Topf hineinpassen. Nur frisches Wasser verwenden! Pro Tasse fügst du dann einen leicht gehäuften Teelöffel Kaffee hinzu. In der arabischen Variante noch einige Prisen Gewürz (Kardamom oder Zimt) und pro Tasse 1 Teelöffel Zucker hinzufügen. Dies bringt man zum Kochen und lässt es unter Rühren 3x aufschäumen (der Topf sollte daher nur zu 2/3 gefüllt sein). Dann lässt man alles noch kurz stehen (1 min), der Satz sinkt dabei vollständig zu Boden, und du kannst den feinsten und aromatischsten Kaffee heiß und allen Gästen gleichzeitig anbieten!

Abb. 3.2 Inhalte aufteilen

Tab. 3.1 Klassenkonzept

Topic-Typ	Bezeichnung	Überschrift	Schreibstil	Mapping → DITA
Anleitung	t	Verbal: imperativischer Infinitiv	Handlungsschritt: imperativischer Infinitiv	task
Hintergrundinformationen	c	Alles über *Thema*		concept
Begriffsdefinition	g	*Begriff*, der definiert wird		glossentry
Fakten	r	*Thema* substantivisch		reference
Hinweis	n	Keine		note

Es sind anleitende Inhalte enthalten (Einrahmung), auch wenn diese nicht in der optimalen Form als Schrittanleitung dargestellt sind. Es gibt Hinweise und Sicherheitshinweise. Diese werden ebenfalls markiert (gestrichelte Einrahmung), da derselbe Hinweis an mehreren Stellen vorkommen soll. Und es gibt Ansätze von Faktenangaben (doppelte Einrahmung). Zusätzlich ist es sinnvoll, Hintergrundinformationen und Begriffserklärungen vorzusehen.

Erstes Klassenkonzept aufstellen
Mit der Klassenkonzepttechnik ergibt sich daraus ein erstes Klassenkonzept (Tab. 3.1).

Die vorhandenen Topic-Typen können sukzessive verfeinert werden, indem weitere Merkmale festgelegt werden, und neue Topic-Typen können bei Bedarf dazukommen.

Topic-Modelle entwerfen
Die wichtige, von DITA unabhängige, Arbeit besteht darin, für jeden im Klassenkonzept entworfenen Topic-Typ ein passendes Topic-Modell zu entwerfen, das für die Autoren als Vorlage (Template) dient. Schon vorhandene gute Beispiele können als Ausgangsbasis verwendet werden und mit Methoden und Techniken von Minimalismus, Klassenkonzepttechnik®, Funktionsdesign®, Information Mapping® sowie Regeln des Verständlichen Schreibens angepasst und erweitert werden.

Abbildung 3.3 zeigt die Anleitung „Kaffee in der Kanne aufbrühen" gemäß einem tauglichen Topic-Modell für Anleitungen.

Kaffee in der Kanne aufbrühen

PREREQUISITE

- gemahlener Kaffee

- frisches, kaltes Wasser

  NOTE: Frisches Wasser enthält mehr Sauerstoff und der Geschmack ist nicht flach. Achten Sie auf den Härtegrad.

TASK

1. Kaffee in eine Kanne geben.
2. Wasser in einen Topf oder Kocher füllen.
3. Wasser kochen.

   ATTENTION: Verbrühungsgefahr! Achten Sie darauf, dass das kochende Wasser nicht überläuft.

4. Kaffee mit etwa einem Drittel des kochenden Wassers überbrühen.
5. Kaffee 1 Minute ziehen lassen.
6. Rest des heißen Wassers aufgießen.
7. Kaffee 1-2 Minuten ziehen lassen.

   ADDITIONAL INFORMATION: Durch die angepasste Brühzeit sorgen Sie dafür, dass der Kaffee alle wichtigen Aromastoffe enthält und die Bitterstoffe sich nicht aus dem Kaffesatz lösen können.

RESULT:

Der Kaffee ist fertig.

Sie können ihn gleich trinken oder warmhalten.

Abb. 3.3 Topic „Kaffee in der Kanne aufbrühen"

Häufig genügt es nicht, Umformulierungen und leichte strukturelle Anpassungen am Ausgangsmaterial vorzunehmen, sondern der Inhalt muss komplett neu geschrieben werden.

Dies trifft in unserem Beispiel für den Inhalt zum Härtegrad zu. Dabei stellt sich heraus, dass das Ausgangsmaterial unvollständig ist. Jetzt fängt die Redaktionsarbeit an, d. h. fehlende Informationen müssten recherchiert werden. Abbildung 3.4 zeigt das noch unvollständige Topic.

Auch, wenn ein Klassenkonzept noch unvollständig ist, kann die Umsetzung mit DITA schon erfolgen. Werden später Festlegungen geändert oder kommen neue dazu, kann der vorhandene Topic-Pool gemäß dem geänderten Klassenkonzept gezielt überarbeitet werden.

Härtegrad des Kaffeewassers

Der *Härtegrad* des Kaffeewassers trägt entscheidend zur Qualität des Kaffees bei. Die folgende Tabelle zeigt, wie sich der Härtegrad auswirkt:

Härtegrad	Auswirkung	Was tun?
5-6	Kaffee schmeckt gut	ideal
<5 (weicher)	???	Prise Salz ins Wasser geben
>6 (härter)	Kaffee wird trüb	Wasser enthärten ???mit Filtern

Abb. 3.4 Topic „Härtegrad des Kaffeewassers"

Umsetzung in DITA

4

Um Strukturen im Inhalt zu kennzeichnen, ohne sich auf ein konkretes Layout oder Tool festlegen zu müssen, werden seit vielen Jahren erfolgreich XML-Sprachen eingesetzt. Auch DITA ist eine XML-Sprache und speziell dafür ausgestattet, Topic-Strukturen passend und darstellungsneutral auszuzeichnen.

Die Umsetzung in DITA wird im Folgenden anhand der Kaffee-Topics veranschaulicht. Nur die zentralen DITA-Elemente werden vorgestellt, die in den gezeigten Topics vorkommen. Die aktuelle und vollständige Sprachbeschreibung ist auf der DITA-Seite von OASIS erhältlich (OASIS 2010).

Die Beispiele zeigen, dass für eine konkrete Anwendung eine kleine Teilmenge des mittlerweile mehrere Hundert Elemente umfassenden Standards ausreichen, um die benötigten Strukturen auszuzeichnen. Das ist beruhigend, bedeutet aber auch, dass die Festlegung der benötigten DITA-Teilmenge eine zentrale Initialarbeit vor der Umsetzung ist.

4.1 Elemente für Blockstrukturen und Inline-Elemente

Für die Auszeichnung der grundlegenden Block- und Inline-Strukturen verwendet DITA Elemente, die bewusst an die entsprechenden HTML-Elemente angelehnt sind.

DITA Blockelemente
Tabelle 4.1 zeigt die DITA-Elemente für typische Blockelemente alphabetisch sortiert.

© Springer Fachmedien Wiesbaden 2015
S. Closs, *DITA – der topic-basierte XML-Standard,* essentials,
DOI 10.1007/978-3-658-11615-6_4

Tab. 4.1 Auswahl typischer DITA Blockelemente

Element	Kennzeichnet
fig	Abbildung mit optionaler Bildunterschrift
li	Listenpunkt einer Liste
note	Hinweis
ol	Geordnete Liste
p	Absatz
section	Abschnitt
simpletable	Einfache Tabelle
table	Tabelle
title	Überschrift
ul	Ungeordnete Liste

DITA Inline-Elemente

Tabelle 4.2 zeigt die DITA-Elemente für typische Inline-Elemente alphabetisch sortiert.

Tab. 4.2 Auswahl typischer DITA Inline-Elemente

Element	Kennzeichnet
image	Grafik
keyword	Signifikantes Wort
term	Fachbegriff
xref	Querverweis

4.2 DITA Task

Tabelle 4.3 zeigt spezifische task-Elemente alphabetisch sortiert.

Beispiel Task

Das Topic „Kaffee aufbrühen in der Kanne" kann mit DITA wie in Abb. 4.1 getaggt werden.

Tab. 4.3 Auswahl spezifischer `task`-Elemente

Element	Kennzeichnet
cmd	Schrittbeschreibung
context	Ziel und Zweck der Aufgabe
info	Zusatzinformation zur Schrittbeschreibung
prereq	Voraussetzungen, die vor Durchführung der im Topic beschriebenen Aufgabe erfüllt sein müssen
result	Ergebnis der Aufgabendurchführung
step	Einzelschritt
stepresult	Ergebnis eines Einzelschritts
steps	Container für die einzelnen Schritte der Aufgabe
task	Wurzel eines Task-Topics
taskbody	Rumpf eines Task-Topics

```
<task xmlns:ditaarch="http://dita.oasis-open.org/architecture/2005/" id="id146QIOW005Z">
    <title>Kaffee in der Kanne aufbrühen</title>
  ~ <taskbody>
        + <prereq>
        + <context>
        ~ <steps>
            ~ <step>
                    <cmd>Kaffee in eine Kanne geben.</cmd>
              </step>
            + <step>
            + <step>
            + <step>
            + <step>
            + <step>
            + <step>
          </steps>
        - <result>
                <p>Der Kaffee ist fertig.</p>
                <p>Sie können ihn gleich trinken oder warmhalten.</p>
          </result>
      </taskbody>
  </task>
```

Abb. 4.1 DITA `task`-Topic

4.3 DITA Concept

Tabelle 4.4 zeigt spezifische `concept`-Elemente alphabetisch sortiert.

Beispiel Concept

Das Topic „Alles über Kaffee" kann mit DITA wie in Abb. 4.2 getaggt werden.

Tab. 4.4 Auswahl spezifischer `concept`-Elemente

Element	Kennzeichnet
conbody	Rumpf eines Concept-Topics
concept	Wurzel eines Concept-Topics

```
<<concept id="id15BB0030401">
   <title>Alles über Kaffee</title>
 - <conbody>
      <p>Kaffee ist ein schwarzes, psychotropes, koffeinhaltiges Heißgetränk, das aus gerösteten und gemahlenen Kaffeebohnen, den
      Samen aus den Früchten der Kaffeepflanze und heißem Wasser hergestellt wird. Röst- und Mahlgrad variieren je nach
      Zubereitungsart. Kaffee enthält das Vitamin Niacin. Die Bezeichnung Bohnenkaffee bedeutet nicht, dass der Kaffee noch
      ungemahlen ist, sondern bezieht sich auf die Reinheit des Produkts und dient der Unterscheidung von sogenanntem Ersatzkaffee
      aus Zichorien, Gerstenmalz usw..</p>
   </conbody>
</concept>
```

Abb. 4.2 DITA `concept`-Topic

4.4 DITA Reference

Tabelle 4.5 zeigt spezifische `reference`-Elemente alphabetisch sortiert.

Beispiel Reference

Das Topic „Härtegrad des Kaffeewassers" kann mit DITA wie in Abb. 4.3 getaggt werden.

Tab. 4.5 Auswahl spezifischer `reference`-Elemente

Element	Kennzeichnet
propdeschd	Überschrift der Ausgabespalte für die Spalte mit der Kurzbeschreibung
properties	Liste von Eigenschaften oder Parametern
property	Eine Eigenschaft oder ein Parameter
refbody	Rumpf eines Reference-Topics
reference	Wurzel eines Reference-Topics

```
<reference id="id158DG0T0HNA">
   <title>Härtegrad des Kaffeewassers</title>
 - <refbody>
    - <section>
       - <p>
           Der
           <term keyref="HG">Härtegrad</term>
           des Kaffeewassers trägt entscheidend zur Qualität des Kaffees bei. Die folgende
           Tabelle zeigt, wie sich der Härtegrad auswirkt:
         </p>
       - <simpletable frame="all" relcolwidth="33* 33* 33*">
          - <sthead>
             - <stentry>
                  <p>Härtegrad</p>
               </stentry>
             - <stentry>
                  <p>Auswirkung</p>
               </stentry>
             - <stentry>
                  <p>Was tun?</p>
               </stentry>
            </sthead>
          - <strow>
               <stentry>5-6</stentry>
             - <stentry>
                  <p>Kaffee schmeckt gut</p>
               </stentry>
               <stentry>ideal</stentry>
            </strow>
          + <strow>
          + <strow>
            </simpletable>
         </section>
      </refbody>
   </reference>
```

Abb. 4.3 DITA `reference`-Topic

4.5   DITA Glossentry

Tabelle 4.6 zeigt spezifische `glossentry`-Elemente alphabetisch sortiert.

Beispiel Glossentry

Die Begriffsdefinition für Härtegrad kann in DITA wie in Abb. 4.4 getaggt werden.

Tab. 4.6 Auswahl spezifischer DITA `glossentry`-Elemente

Element	Kennzeichnet
glossbody	Details für den Begriff
glossdef	Begriffsdefinition
glossentry	Wurzel eines Glossentry-Topics
glossterm	Begriff, der definiert wird

```
<glossentry xmlns:ditaarch="http://dita.oasis-open.org/architecture/2005/" id="id146R9800RZW">
    <glossterm>Härtegrad</glossterm>
  - <glossdef>
        gibt die Härte des Wassers an.
      - <note>
            <p>Auskunft über den Härtegrad Ihres Wassers erhalten Sie bei Ihrer Gemeinde.</p>
        </note>
    </glossdef>
</glossentry>
```

Abb. 4.4 DITA `glossentry`-Topic

Topics zusammenbauen

DITA bietet mehrere Möglichkeiten, Inhalte aus einzelnen Topics zusammenzustellen. Topics können ineinander geschachtelt oder in Maps zusammengestellt werden.

5.1 Verschachtelung von Topics

Topics können ineinander verschachtelt werden, um größere zusammenhängende Inhaltsblöcke zu bilden. Die Verschachtelung definiert die Reihenfolge und Hierarchie der beteiligten Topics. Sie darf allerdings nur außerhalb des Topic-Rumpfs erfolgen.

Die DITA-Konfiguration kann festlegen, wie und welche bzw. ob überhaupt Topic-Typen verschachtelt werden dürfen. Nur für das generische Wurzelelement `dita` erlaubt die Standard-DITA-Konfiguration eine beliebige Verschachtelung mit allen Topic-Typen.

Generell wird empfohlen, jedes Topic in einer separaten Datei zu verwalten. Die Verschachtelung kann allerdings in manchen Fällen sinnvoll sein, um den Verwaltungsaufwand zu reduzieren. Bei einer dateibasierten Organisation kann die Arbeit für die Autoren gegebenenfalls effizienter sein, wenn beispielsweise alle Topics eines Typs physisch in einer Datei sind, weil dann bei einer generellen Überarbeitung nur 1 Datei geöffnet werden muss und Funktionen wie Suchen und Ersetzen schnell durchgeführt werden können. Auch die Migration von Inhalten kann einfacher sein, wenn während des Migrationsprozesses die Topics in einer Datei gehalten werden.

© Springer Fachmedien Wiesbaden 2015
S. Closs, *DITA – der topic-basierte XML-Standard,* essentials,
DOI 10.1007/978-3-658-11615-6_5

5.2 DITA-Map

Die flexibelste Art, Inhalte zu kombinieren, bietet die DITA-Map. Sie ähnelt dem aus Online-Hilfen bekannten Inhaltsverzeichnis und stellt wie dieses das Gerüst für ein komplettes Informationsprodukt dar. In einer DITA-Map können Topics nach unterschiedlichen Organisationsmustern zusammengestellt und Links für die in der Map aufgeführten Topics spezifiziert werden.

Die DITA-Map hat aber deutlich mehr Funktionen als das klassische Inhaltsverzeichnis. Die Map legt fest, welche Topics in ein Informationsprodukt gehören, gibt deren Reihenfolge, Gruppierung und Hierarchie an und definiert, welche Beziehungen zwischen den Topics bestehen. Zusätzlich können über die Map Variablen definiert und Metadaten zur Charakterisierung und Verwaltung des Informationsprodukts festgelegt werden. Eine Map kann verwendet werden, um Projekte und Informationsprodukte zu planen, Informationsprodukte zu produzieren und anzupassen.

Beispiel

Einen Ausschnitt aus der DITA Map für ein Kaffeebuch zeigt Abb. 5.1.

Untermaps

Maps können Untermaps enthalten. Mit Untermaps lassen sich die Maps für umfangreiche und komplexere Informationsprodukte sinnvoll strukturieren und damit leichter handhaben.

Beispiel

Es kann sinnvoll sein, alle Begriffsdefinitionen für einen Fachbereich in einer separaten Map zu organisieren und diese dann als Untermap in die Maps für die Informationsprodukte einzuhängen.

```
<map xmlns:ditaarch="http://dita.oasis-open.org/architecture/2005/">
    <title>Kaffee</title>
  + <keydef keys="PN">
  + <topicref type="concept" href="c_kaffee.xml">
  + <topicref type="reference" href="r_haertegrad_kaffeewasser.xml">
  · <topicref type="topic" href="to_kaffee_machen.xml">
      + <topicmeta>
      + <topicref type="task" href="t_kaffee_aufbruehen.xml">
      + <topicref type="task" href="t_kaffee_topf_kochen.xml">
    </topicref>
  + <topicref type="topic" href="to_kaffee_warmhalten.xml">
  + <topicref type="topic" href="go.xml">
  + <reltable>
</map>
```

Abb. 5.1 DITA Map

Beziehungen festlegen

6

Topics werden in Beziehung zueinander gesetzt, um zusammenhängende und für die Nutzungsseite interessante Inhalte zu ergeben. Die bekanntesten Beziehungen in der Dokumentationswelt sind Verweise, die Inhaltsstellen innerhalb eines Dokuments oder dokumentübergreifend in Bezug setzen. Ein Verweis führt die Leser von der aktuellen Stelle zu weiteren Stellen, die aus Autorensicht mit der aktuellen Stelle inhaltlich zusammenhängen, diese näher erläutern oder den aktuellen Inhalt weiter vertiefen. In der elektronischen Welt werden Verweise als Links bezeichnet. Sie sind für die Nutzungsseite sichtbar und kommen in unterschiedlichen Formen vor.

Generell unterstützt DITA das Prinzip, Topic-Inhalte möglichst link-frei zu halten. Die Befolgung dieses Prinzips hat sowohl Vorteile für die Nutzungsseite als auch für die Erstellungsseite:

- Leserinnen und Leser können den link-freien Topic-Inhalt ohne Ablenkung besser aufnehmen und navigieren effektiver über systematisch angeordnete Links.
- Auf der Erstellungsseite erleichtert die Trennung von Inhalt und Links alle Prozesse von der Erstellung über die Verwaltung und Pflege bis zur Übersetzung.

Eine große Stärke von DITA sind die vielseitigen Möglichkeiten, Beziehungen und Links darzustellen. Außer den Links, die automatisch aus der Map generierbar sind, können Links im Topic oder in der Map explizit gesetzt werden.

© Springer Fachmedien Wiesbaden 2015
S. Closs, *DITA – der topic-basierte XML-Standard*, essentials,
DOI 10.1007/978-3-658-11615-6_6

6.1   Verlinkung über die Map

Am flexibelsten ist die Methode, die Verlinkung in der Map zu definieren und damit erst beim Zusammenbau der Topics festzulegen, welche Beziehungen unter den Topics in der jeweiligen Zusammenstellung bestehen.

> Diese Möglichkeiten sind sehr interessant in Hinblick auf die Wiederverwendung. Da ein Topic unterschiedliche Beziehungen haben kann, je nachdem, in welchem Kontext es verwendet wird, würde eine Verlinkung im Topic die Wiederverwendung einschränken. Wenn aber die Map die Verlinkung festlegt, kann das Topic flexibel in unterschiedlichen Maps mit verschiedenen anderen Topics kombiniert werden.

Generierte Links

Für Beziehungen, die sich aus der Anordnung der Topics in der Map ergeben, sieht der Standard vor, dass über geeignete Metadaten (Attribute) passende Links automatisch generierbar sind, zum Beispiel von einem Topic auf seine untergeordneten Topics.

Beispiel

Gibt es zu einem Thema mehrere Topics, kann es zur besseren Orientierung nach dem Ebenenprinzip sinnvoll sein, einen Überblick über diese Topics anzubieten.

Zum Beispiel gibt es viele Möglichkeiten, Kaffee zu machen. Soll den Lesern diese Vielfalt übersichtlich und kompakt dargestellt werden, bietet sich ein Überblickstopic an. Nutzt man die DITA-Möglichkeit, die Links generieren zu lassen, genügt ein einleitender Satz im Überblickstopic. Abbildung 6.1 zeigt die DITA-Quelle des Überblickstopics.

Die Links auf die unterschiedlichen Anleitungs-Topics ergeben sich aus der Map und werden generiert, wenn das Attribut `linking` entsprechend gesetzt ist. Abbildung 6.2 zeigt eine generierte MS HTML Help Ausgabe im CHM-Format.

Die Vorteile liegen auf der Hand: Das Überblickstopic enthält automatisch immer die korrekte und vollständige Link-Liste.

Verlinkung über eine Beziehungstabelle (`reltable`)

Eine Map bietet zusätzlich die Möglichkeit, Beziehungen explizit über eine Beziehungstabelle (`reltable`) anzugeben.

```
<topic xmlns:ditaarch="http://dita.oasis-open.org/architecture/2005/" id="id158AN900UT6">
    <title>Kaffee machen</title>
    <body>
        <p>Es gibt viele Möglichkeiten, Kaffee zu machen.</p>
    </body>
</topic>
```

Abb. 6.1 DITA-Quelle Überblickstopic

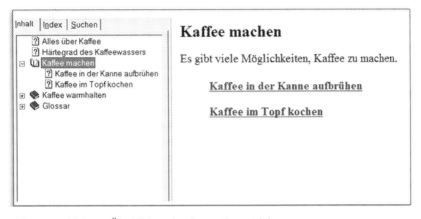

Abb. 6.2 Publiziertes Überblickstopic mit generierten Links

Beispiel

Die Beziehung vom Task „Kaffee in der Kanne aufbrühen" zum Überblick
„Kaffee warmhalten" kann in der Kaffee-Map über eine Beziehungstabelle angegeben werden.

In der WYSIWYG-Ansicht sieht die Tabelle wie in Abb. 6.3 dargestellt aus.
Die DITA Quelle zeigt Abb. 6.4.

Task	Topic
• **Kaffee in der Kanne aufbrühen** (t_kaffee_aufbruehen.xml)	• **Kaffee warmhalten** (to_kaffee_warmhalten.xml)
Kaffee in der Kanne aufbrühen	Kaffee warmhalten

Abb. 6.3 Beziehungstabelle

```
- <map xmlns:ditaarch="http://dita.oasis-open.org/architecture/2005/">
    <title>Kaffee</title>
  + <keydef keys="PN">
  + <topicref type="concept" href="c_kaffee.xml">
  + <topicref type="reference" href="r_haertegrad_kaffeewasser.xml">
  + <topicref type="topic" href="to_kaffee_machen.xml">
  + <topicref type="topic" href="to_kaffee_warmhalten.xml">
  + <topicref type="topic" href="go.xml">
  - <reltable>
      <title/>
    - <relheader>
        <relcolspec type="task"/>
        <relcolspec type="topic"/>
      </relheader>
    - <relrow>
      - <relcell>
        - <topicref type="task" href="t_kaffee_aufbruehen.xml">
          + <topicmeta>
          </topicref>
        </relcell>
      - <relcell>
        - <topicref type="topic" href="to_kaffee_warmhalten.xml">
          + <topicmeta>
          </topicref>
        </relcell>
      </relrow>
    + <relrow>
    </reltable>
  </map>
```

Abb. 6.4 DITA Beziehungstabelle (`reltable`)

6.2   Links im Topic

DITA bietet auch Möglichkeiten, Links in einem Topic zu setzen:

- Mit `xref` können die klassischen, aus der Papierwelt bekannten, Querverweise angegeben werden, die überall in einem Topic-Inhalt vorkommen können. Typischerweise bieten sie sich an, um aus dem Text auf eine Abbildung oder eine Tabelle im Topic zu verweisen.
- Außerdem können Links in einem separaten `related-links`-Abschnitt hinter dem Topic-Rumpf und getrennt vom eigentlichen Topic-Inhalt angegeben werden. Dadurch reduziert sich allerdings die Möglichkeit, das Topic wiederzuverwenden, da die referenzierten Ziele vielleicht nicht in jedem Kontext passen.

Inhalte wiederverwenden durch Einbettung

7

Ein zentraler Aspekt in einer DITA-basierten Dokumentationsumgebung ist die Ausrichtung auf Single Sourcing und die Wiederverwendung von Inhalten. Typischerweise ergeben sich Wiederverwendungsmöglichkeiten nicht nur auf Topic-Ebene sondern in einer feineren Granularität bis zur Satzebene.

Beispiel

Derselbe Hinweis soll häufig an verschiedenen Stellen erwähnt werden, aber nicht als eigenständiges Topic, sondern eingebettet in den Inhalt anderer Topics.

DITA bietet mehrere Möglichkeiten, Inhalte über Einbettung zu kombinieren.

Mit dem conref-Mechanismus, der von SGML her bekannt ist, lassen sich die Inhalte eines Elements oder einer Elementgruppe sowohl innerhalb eines Topics als auch über Topic-Grenzen hinweg wiederverwenden. Abbildung 7.1 veranschaulicht das Prinzip.

Den conref-Mechanismus gibt es bei DITA als Pull- und als Push-Variante. Bei Pull wird an der Stelle, an der der Inhalt eingefügt werden soll, der einzubettende Zielinhalt referenziert. Bei Push wird bei dem einzubettenden Inhalt angegeben, wohin und wie der Inhalt eingefügt werden soll.

Jedes Element und komplette Elementgruppen mit einer eindeutigen Bezeichnung (Attribut `id`) können mit dem conref-Mechanismus wiederverwendet werden. Allerdings darf nur strukturell äquivalenter Inhalt eingefügt werden. Passen die Elementtypen nicht zusammen, wird die Einbettung nicht vorgenommen.

© Springer Fachmedien Wiesbaden 2015
S. Closs, *DITA – der topic-basierte XML-Standard*, essentials,
DOI 10.1007/978-3-658-11615-6_7

Abb. 7.1 Inhalte einbetten

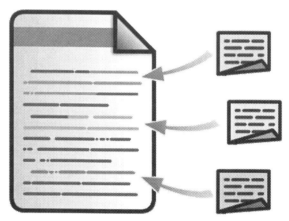

Wiederverwendung auf Topic-Ebene ist verwaltungstechnisch wesentlich
einfacher zu handhaben und sollte daher immer die erste Wahl sein. Dennoch gibt es gute Gründe für die Einbettung wie im Fall von Sicherheits-
hinweisen. Aber es braucht klare Vorgaben. Es muss festgelegt werden, von
welcher Art die Inhalte sind, die auf diese Weise eingebettet werden, und wo
die Einbettung stattfinden darf. Des Weiteren müssen die Vorgaben konse-
quent eingehalten werden, ansonsten besteht die Gefahr, dass das Inhalts-
geflecht unübersichtlich wird.

Beispiel

Bei dem Kaffeethema ist der Hinweis auf frisches Wasser in mehreren Kaffee-
Topics relevant. Abbildung 7.2 zeigt zwei Beispiele.

Um Redundanz in den Quellen zu vermeiden, wird der conref-Mechanismus in
der Pull-Variante eingesetzt. Sinnvollerweise wird aus Verwaltungsgründen ein
Sammeltopic für Hinweise angelegt. Zur Identifizierung erhält jeder Hinweis eine
ID. Die Konventionen, wie die ID gebildet wird, müssen festgelegt werden. Abbildung 7.3 zeigt die IDs im Attribut id. Die ID für einen Hinweis startet mit „N_",
die ID für einen Sicherheitshinweis mit „SN_".

Das Sammeltopic ist der „Single Point of Truth" für Hinweise, an dem ein Hinweis erstellt und gepflegt wird. Das vermeidet Redundanz, Inkonsistenz und Fehler
und reduziert den Umfang der Quellen. Außerdem kann die Arbeit gut aufgeteilt

---

Kaffee in der Kanne aufbrühen

- gemahlener Kaffee Blaue Bohne
- frisches, kaltes Wasser

 Note:

Frisches Wasser enthält mehr Sauerstoff und der Geschmack ist nicht flach. Achten Sie auf den *Härtegrad.*

Kaffee im Topf kochen

- Topf
- 1 Kaffeetasse zum Maßnehmen
- frisch gemahlener Kaffee, mittlerer *Mahlgrad*
- frisches, kaltes Wasser

 Note:

Frisches Wasser enthält mehr Sauerstoff und der Geschmack ist nicht flach. Achten Sie auf den *Härtegrad.*

Abb. 7.2 Mehrfach benötigter Hinweis

```
<topic xmlns:ditaarch="http://dita.oasis-open.org/architecture/2005/"
id="id146QK0608YK">
   <title>Hinweis Sammeltopic</title>
 - <body>
    - <note id="N_water" type="note">
       - <p>
            Frisches Wasser enthält mehr Sauerstoff und der Geschmack ist nicht
            flach.Achten Sie auf den
            <term keyref="HG">Härtegrad</term>
            .
       </p>
     </note>
     <note id="SN_scald" type="attention">Verbrühungsgefahr! Achten Sie darauf,
       dass das kochende Wasser nicht überläuft.</note>
   </body>
</topic>
```

Abb. 7.3 Hinweis-Sammeltopic

werden. Beispielsweise kann sich eine Person um die Hinweise kümmern, während andere die Topics erstellen, in denen die Hinweise vorkommen.

Überall, wo ein Hinweis benötigt wird, kann dieser aus dem Hinweis-Sammeltopic über conref eingebettet werden. Abbildung 7.4 zeigt die Einbettung des Hinweises zum frischen Wasser im Topic „Kaffee in der Kanne aufbrühen" im Element note.

```
<task xmlns:ditaarch="http://dita.oasis-open.org/architecture/2005/" id="id146QI0W005Z">
    <title>Kaffee in der Kanne aufbrühen</title>
  ~ <taskbody>
      ~ <prereq>
          ~ <ul>
              + <li>
              ~ <li>
                  <p>Frisches, kaltes Wasser</p>
                  <note conref="n_hinweise.xml#id146QK0608YK/N_water"/>
                </li>
            </ul>
        </prereq>
      + <steps>
      + <result>
    </taskbody>
</task>
```

Abb. 7.4 Hinweis über conref einbinden

Adressierung 8

Zur Referenzierung unterstützt DITA seit der Version 1.2 neben der direkten Adressierung auch die indirekte Adressierung.

8.1 Direkte Adressierung

Bei der direkten Adressierung wird beim Referenzieren das Linkziel mit seiner tatsächlichen Adresse angegeben. Daraus entsteht eine große Abhängigkeit. Wenn das Linkziel umbenannt, verschoben oder gelöscht wird, muss die Referenz nachbearbeitet werden, damit sie intakt bleibt.

8.2 Mehr Freiheit durch indirekte Adressierung

DITA 1.2 führte indirekte Adressierung ein, um die Probleme der direkten Adressierung zu beheben. Statt das Linkziel direkt zu adressieren, wird nur eine frei definierbare Bezeichnung, genannt Key, für das Linkziel angegeben. Erst in der Map werden den Keys passende Verweisziele zugewiesen und damit festgelegt, worauf sich die Referenz bezieht.

Die Möglichkeiten, indirekte Adressierung zu verwenden, wurden bei DITA 1.3 noch weiter ausgebaut.

> **Beispiel**
>
> Am einfachsten lässt sich die Nutzung der indirekten Adressierung bei der Referenz auf Begriffserklärungen demonstrieren.

© Springer Fachmedien Wiesbaden 2015
S. Closs, *DITA – der topic-basierte XML-Standard,* essentials,
DOI 10.1007/978-3-658-11615-6_8

Bei unserem Kaffeethema gibt es den Fachbegriff „Härtegrad". Für diesen wird eine Begriffsdefinition mit DITA als Glossentry-Topic angelegt (Abb. 8.1). Im Hinweis auf frisches Wasser wird der Fachbegriff „Härtegrad" verwendet. Wie Abb. 8.2 zeigt, wird statt der festen Adresse des Glossentry-Topics im Attribut keyref der Key „HG" angegeben, um auf die Begriffsdefinition von „Härtegrad" zu verweisen.

In einer Map für die Kaffee-Topics werden die Begriffsdefinitionen mittels glossref referenziert. Dabei wird einem Key im Attribut keys das Zieltopic zugeordnet, das die Begriffsdefinition enthält, die in dieser Map verwendet werden soll (Abb. 8.3).

```
<glossentry xmlns:ditaarch="http://dita.oasis-open.org/architecture/2005/" id="id146R9800RZW">
    <glossterm>Härtegrad</glossterm>
    <glossdef>gibt die Härte des Wassers an.</glossdef>
</glossentry>
```

Abb. 8.1 Glossentry-Topic für Härtegrad

```
<topic xmlns:ditaarch="http://dita.oasis-open.org/architecture/2005/" id="id146QK0608YK">
    <title>Hinweis Sammeltopic</title>
 -  <body>
     ~  <note id="SN_scald" type="attention">
            Verbrühungsgefahr!
            <p>Achten Sie darauf, dass das kochende Wasser nicht überläuft.</p>
        </note>
     -  <note id="N_water" type="note">
         ~  <p>
                Frisches Wasser enthält mehr Sauerstoff und der Geschmack ist nicht flach. Achten Sie auf
                den
                <term keyref="HG">Härtegrad</term>
            </p>
        </note>
    </body>
</topic>
```

Abb. 8.2 Indirekte Adressierung über Key „HG" im Element term

```
<?xml version="1.0" encoding="UTF-8"?>
<!DOCTYPE map SYSTEM "technicalContent/dtd/map.dtd" PUBLIC "-//OASIS//DTD DITA Map//EN">
<map xmlns:ditaarch="http://dita.oasis-open.org/architecture/2005/">
    <title>Kaffee</title>
 +  <keydef keys="PN">
 +  <topicref type="concept" href="c_kaffee.xml">
 +  <topicref type="reference" href="r_haertegrad_kaffeewasser.xml">
 +  <topicref type="topic" href="to_kaffee_machen.xml">
 +  <topicref type="topic" href="to_kaffee_warmhalten.xml">
 -  <topicref type="topic" href="go.xml">
     -  <topicmeta>
            <navtitle>Glossar</navtitle>
        </topicmeta>
     +  <glossref type="glossentry" keys="HG" href="g_haertegrad.xml" print="yes" toc="yes">
     +  <glossref type="glossentry" keys="MG" href="g_mahlgrad.xml" print="yes" toc="yes">
    </topicref>
 +  <reltable>
</map>
```

Abb. 8.3 Zielzuordnung in der Map in glossref

Die indirekte Adressierung ist ein mächtiges Feature. Die Topics, in denen Referenzen gesetzt werden, sind unabhängig von festen Adressen und brauchen nicht angepasst zu werden, wenn sich diese ändern. Darüber hinaus können aus derselben Zusammenstellung von Topics unterschiedliche Varianten produziert werden, wenn die Keys in der Map unterschiedlichen Zielen zugeordnet werden.

DITA 1.3 hat die Zuordnungsmöglichkeiten für Keys in einer Map noch erweitert. Jetzt können Gültigkeiten für Keys definiert werden, und unterschiedliche Zweige einer Map können unterschiedliche Zuordnungen für denselben Key haben.

Varianten 9

DITA bietet sehr gute Möglichkeiten, ein effizientes Variantenmanagement aufzusetzen, auch wenn die Verwaltung der Quellen nur im Dateisystem und ohne Redaktionssystem erfolgt. Dazu gehören die Möglichkeiten, unterschiedliche Maps aus demselben Topic-Pool zusammenzustellen, Variablen zu verwenden und Filterung zu nutzen. Basis ist die Map, über die mit diesen Mitteln die Varianten produziert werden können.

9.1 Unterschiedliche Maps

Aus einem Pool von Topics können nach Bedarf Maps für unterschiedliche Zwecke, Zielgruppen und Ausgabemedien zusammengestellt werden. Wenn Maps nur wenige Topics gemeinsam haben und sich nur die Topic-Inhalte ändern, die Zusammenstellung in den Maps aber stabil ist, kann eine Aufteilung auf mehrere Maps sinnvoll sein.

Beispiel

Aus den Kaffee-Topics kann eine Map für eine Kurzanleitung und eine Map für das komplette Kaffeebuch zusammengestellt werden.

9.2 Variablen

In DITA können Variablen verwendet werden, typischerweise für Produktbezeichnungen, Versionsnummern u. ä. Dazu werden wie bei der indirekten Adressierung Keys eingesetzt. Für eine Variable wird ein bestimmter Key festgelegt. In den

© Springer Fachmedien Wiesbaden 2015
S. Closs, *DITA – der topic-basierte XML-Standard,* essentials,
DOI 10.1007/978-3-658-11615-6_9

```
<task xmlns:ditaarch="http://dita.oasis-open.org/architecture/2005/" id="id146QI0W005Z">
    <title>Kaffee in der Kanne aufbrühen</title>
  - <taskbody>
      - <prereq>
          - <ul>
              - <li>
                  - <p>
                        Gemahlener Kaffee
                        <keyword keyref="PN"/>
                    </p>
                </li>
              + <li>
            </ul>
        </prereq>
      + <steps>
      + <result>
    </taskbody>
</task>
```

Abb. 9.1 Variable „PN" für Kaffeemarke

Topics werden statt festen Bezeichnungen nur die Keys verwendet. Erst die Map,
die die Topics zusammenstellt, legt auch die Werte für die Variablen fest. Damit
muss zum einen die Festlegung erst stattfinden, wenn ein Informationsprodukt produziert wird, und zum anderen können aus denselben Topics unterschiedliche Varianten erzeugt werden, indem in den Maps den Variablen unterschiedliche Werte
zugewiesen werden.

Beispiel

Möchte ein Kaffeehersteller die Kaffee-Topics für Kaffeebücher verwenden,
die mit seinen Kaffeemarken gebrandet sind, kann für die Kaffeemarke in den
Topics eine Variable verwendet werden (Abb. 9.1).

In der Map wird der Variablen „PN" die Bezeichnung, z. B. „Blaue Bohne"
zugeordnet (Abb. 9.2).

9.3 Filterung

Bei der Filterung werden aus derselben Map unterschiedliche Varianten produziert,
indem über Attribute und eine Filterdatei gesteuert wird, welche Inhalte im jeweils
produzierten Informationsprodukt erscheinen.

```
<map xmlns:ditaarch="http://dita.oasis-open.org/architecture/2005/">
    <title>Kaffee</title>
  - <keydef keys="PN">
    - <topicmeta>
        <navtitle/>
      - <keywords>
          <keyword>Blaue Bohne</keyword>
        </keywords>
      </topicmeta>
    </keydef>
  + <topicref type="concept" href="c_kaffee.xml">
  + <topicref type="reference" href="r_haertegrad_kaffeewasser.xml">
  + <topicref type="topic" href="to_kaffee_machen.xml">
  + <topicref type="topic" href="to_kaffee_warmhalten.xml">
  + <topicref type="topic" href="go.xml">
  + <reltable>
</map>
```

Abb. 9.2 Variable „PN" in der Map definieren

Wenn die Maps sehr umfangreich sind und viele gemeinsame Topics haben und sich noch viele Änderungen in der Zusammenstellung ergeben, d. h. Topics dazu kommen, gelöscht oder verschoben werden, ist es besser, die unterschiedlichen Varianten durch Filterung zu erzeugen, um den Pflegeaufwand zu reduzieren.

Attribute für die Filterung
DITA sieht die in Tab. 9.1 gelisteten Attribute für die Filterung vor.

Tab. 9.1 Filterattribute

Attribut	Zur Angabe von
audience	Zielgruppe
deliveryTarget (DITA 1.3)	Ausgabeformat in der Map
otherprops	Individuell definierten Filterkriterien
platform	Bereich
product	Produkt

```
<task xmlns:ditaarch="http://dita.oasis-open.org/architecture/2005/" id="id146QI0W005Z">
    <title>Kaffee in der Kanne aufbrühen</title>
  - <taskbody>
      + <prereq product="book">
      + <steps>
      - <result>
          <p>Der Kaffee ist fertig.</p>
          <p>Sie können ihn gleich trinken oder warmhalten.</p>
      </result>
    </taskbody>
</task>
```

Abb. 9.3 prereq soll nur in das Kaffeebuch (product="book")

Die möglichen Attributwerte müssen festgelegt werden, beispielsweise für das Attribut audience die Werte „Anfänger", „Erfahrene", „Experten". Ein Attribut kann mehrere durch Leerzeichen getrennte Werte haben.

Filterdatei ditaval

Mit der Filterdatei wird für eine Produktion festgelegt, welche Inhalte eingebunden (include) oder ausgeschlossen (exclude) werden, abhängig von den gesetzten Filterattributen und ihren Werten. Die Filterdatei ist eine XML-Datei und hat das Suffix .ditaval.

Beispiel

Das Filterattribut product wird eingesetzt, und die möglichen Werte book und quickGuide werden festgelegt. In den Topics (Abb. 9.3) und in der Map (Abb. 9.4) werden die Attribute passend gesetzt.

Für die Produktion der Kurzanleitung wird eine Filterdatei erstellt, mit der alle Inhalte ausgeschlossen werden, die nur im Kaffeebuch erscheinen sollen. Abbildung 9.5 zeigt die XML-Quelle.

```
<map xmlns:ditaarch="http://dita.oasis-open.org/architecture/2005/">
    <title>Kaffee</title>
  + <keydef keys="PN">
  - <topicref type="concept" href="c_kaffee.xml" product="book">
      + <topicmeta>
    </topicref>
  - <topicref type="reference" href="r_haertegrad_kaffeewasser.xml" product="book">
      + <topicmeta>
    </topicref>
  + <topicref type="topic" href="to_kaffee_machen.xml">
  + <topicref type="topic" href="to_kaffee_warmhalten.xml">
  + <topicref type="topic" href="go.xml">
  + <reltable>
</map>
```

Abb. 9.4 Das Topic c_kaffee.xml soll nur in das Kaffeebuch (product="book")

```
<val>
    <prop val="book" att="product" action="exclude"/>
</val>
```

Abb. 9.5 Filterdatei quickguide.ditaval zur Produktion der Kurzanleitung

DITA 1.3 führt Branch Filtering ein, damit für unterschiedliche Zweige einer Map unterschiedliche Filterkriterien gesetzt werden können.

Zusammenarbeit in geregelten Bahnen

10

Erfolgreiche Zusammenarbeit (Collaboration) ist ein wichtiger Erfolgsfaktor in jedem Umfeld, und es bedarf geeigneter Vorgaben, damit die Zusammenarbeit in geregelten Bahnen verläuft. DITA bietet dazu ab Version 1.2 gute Unterstützung.

Mit Constraints kann die Syntax ohne Spezialisierung eingeschränkt werden. Auf diese Weise können Konventionen in einem Projektumfeld für ein Team eindeutiger festgelegt werden. So können optionale Elemente entfernt oder obligatorisch gesetzt und die Reihenfolge von Elementen vorgegeben werden.

Eine vielversprechende Möglichkeit, klare Vorgaben zu machen, bieten Subject Schemas. Sie erlauben für ein konkretes Umfeld die Festlegung von spezifischen Attributwerten und Bezeichnungen für Metadaten, ohne in die DTDs eingreifen zu müssen.

Ergänzungen für die Begriffswelt ermöglichen die Definition von Terminologie bis hin zu kompletten Taxonomien. Damit kann die Grundlage für semantische Web-Funktionen geschaffen werden: systematisch, standardisiert und integriert in die Quellinhalte.

© Springer Fachmedien Wiesbaden 2015
S. Closs, *DITA – der topic-basierte XML-Standard,* essentials,
DOI 10.1007/978-3-658-11615-6_10

Wie entsteht ein Informationsprodukt?

Ein Informationsprodukt entsteht, indem Topics in einer Map zusammengestellt und in ein gewünschtes Ausgabeformat umgewandelt werden.

Aus einer Sammlung von Topics können auf der Basis geeigneter Maps flexibel Informationsprodukte nach Bedarf zusammengestellt werden: für unterschiedliche Zielgruppen, Zwecke und Ausgabemedien. DITA ist eine XML-Sprache. Daher werden Informationsprodukte aus DITA-Quellen gemäß dem üblichen XML-Produktionsprozess erzeugt. Abbildung 11.1 zeigt den prinzipiellen Prozess und die benötigten Tools.

Erstellung

Zur Erstellung von DITA-Quellen kann im Prinzip jeder Editor verwendet werden. Allerdings ist es mühsam, mit einem einfachen Texteditor umfangreiche Inhalte zu erfassen. Es gibt mittlerweile zahlreiche XML-Editoren, die für DITA vorkonfiguriert sind und den Autoren komfortable Unterstützung bieten:

- Eingabehilfen zur Auswahl der passenden Elemente, Attribute und Attributwerte
- vorkonfigurierte Layout-Ansichten für die Erfassung
- Generierung von Ausgaben in unterschiedlichen Formaten über Anbindung des DITA OT oder eigene Ausgabetransformationen

Verwaltung

Zur Verwaltung von DITA-Quellen kann im einfachsten Fall das Dateisystem verwendet werden. DITA bietet bereits mächtige Funktionen für typische Verwaltungsaufgaben, insbesondere Wiederverwendung, Variablen, Variantensteuerung.

© Springer Fachmedien Wiesbaden 2015
S. Closs, *DITA – der topic-basierte XML-Standard,* essentials,
DOI 10.1007/978-3-658-11615-6_11

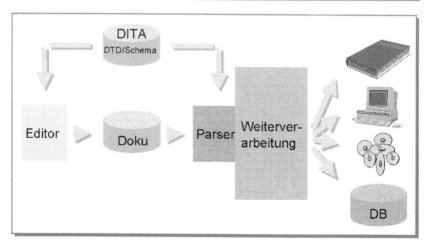

Abb. 11.1 XML-Produktionsprozess

Noch umfangreichere Verwaltungsunterstützung bieten Redaktionssysteme. Es gibt eine Reihe von XML-basierten Redaktionssystemen, die für DITA schon vorkonfiguriert sind. Dennoch muss die Konfiguration in der Regel an die eigenen Wünsche angepasst und vervollständigt werden.

Weiterverarbeitung
Für die Erzeugung von Informationsprodukten bedeutet Weiterverarbeitung Formatierung für das Ausgabemedium. Im einfachsten Fall genügt ein Cascading Stylesheet (CSS) für die Formatierung der DITA-Quellen. Für eine anspruchsvollere Gestaltung werden XSL-Stylesheets eingesetzt (Abb. 11.2).

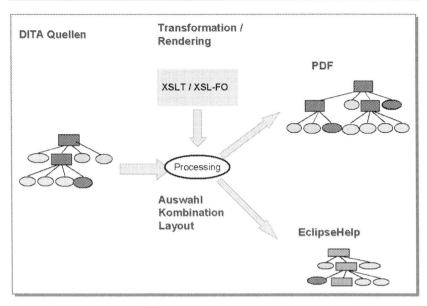

Abb. 11.2 Formatierung mit XSL-Stylesheets

Produktion mit dem DITA Open Toolkit

Das DITA Open Toolkit ist in unterschiedlichen Versionen frei verfügbar (DITA OT).

Die im Toolkit mitgelieferten Transformationen können an die eigenen Wünsche angepasst werden. Dazu sind je nach Grad der Anpassung entsprechende Programmierkenntnisse (CSS, XSL-FO, XSLT, ANT) erforderlich.

12.1 Was enthält das DITA Open Toolkit?

Abbildung 12.1 zeigt die Ordner im Programmverzeichnis des DITA Open Toolkit.

Ordner im DITA OT-Programmverzeichnis
Tabelle 12.1 listet die Ordner im DITA OT-Programmverzeichnis.

Ordner im Verzeichnis Plugins
Das Plugins-Verzeichnis enthält die bereits mitgelieferten Transformationen in diverse Ausgabeformate (Tab. 12.2). Layout-Anpassungen nehmen Sie in den entsprechenden Unterverzeichnissen vor. Haben Sie eigene Transformationen entwickelt oder von Drittanbietern erhalten, installieren Sie diese ebenfalls in das Plugins-Verzeichnis.

© Springer Fachmedien Wiesbaden 2015
S. Closs, *DITA – der topic-basierte XML-Standard,* essentials,
DOI 10.1007/978-3-658-11615-6_12

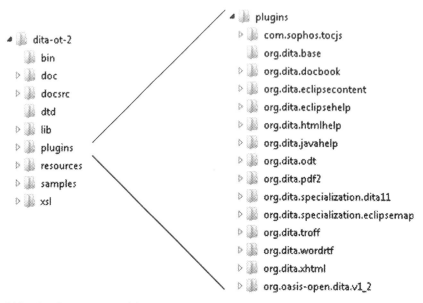

Abb. 12.1 Programmverzeichnis DITA Open Toolkit

Tab. 12.1 Programmverzeichnis DITA -Open Toolkit

Ordner	Inhalt
dita-ot-x	Basisverzeichnis des DITA Open Toolkits der Version x
bin	Aufrufskripte für das DITA Open Toolkit
doc	Dokumentation zum DITA Open Toolkit in den Formaten HTML, PDF und CHM
docsrc	DITA-Quellen der Dokumentation zum DITA Open Toolkit
dtd	Properties-DTD
lib	Java-Programmdateien
plugins	Verzeichnis für Transformationen, DTDs und eigene Erweiterungen
resources	Dateien für Meldungen u. ä.
samples	DITA-Beispieldokumente und ANT-Beispielskripte

Tab. 12.2 Plugins-Verzeichnis DITA -Open Toolkit

Ordner	Inhalt
com.sophos.tocjs	Transformation zu XHTML, mit Javascript-Frameset
org.dita.base	Basisdateien für alle Transformationen
org.dita.docbook	Transformation zu Docbook
org.dita.eclipsecontent	Transformation zu normalisiertem DITA mit Eclipse-Projekt-Dateien
org.dita.eclipsehelp	Transformation zu Eclipse Help
org.dita.htmlhelp	Transformation zu HTML Help
org.dita.javahelp	Transformation zu Java Help
org.dita.odt	Transformation ins Open Document Format (Open Office)
org.dita.pdf2	Transformation zu PDF
org.dita.specialization.dita11	DITA 1.1 DTDs und Schemas
org.dita.specialization.eclipsemap	EclipseMap DTDs und Schemas
org.dita.troff	Transformation zu Troff
org.dita.wordrtf	Transformation ins Rich Text Format
org.dita.xhtml	Transformation zu XHTML und HTML5, Basis für alle HTML-basierten Transformationen
org.oasis-open.dita.v1_2	DITA 1.2 DTDs und Schemas

12.2 DITA Open Toolkit installieren

Das DITA Open Toolkit ist in mehreren Varianten erhältlich (DITA Open Toolkit):

- dita-ot-*version*.zip: enthält das kompilierte DITA Open Toolkit für Windows
- dita-ot-*version*.tar.gz: enthält das kompilierte DITA Open Toolkit für Linux und Mac
- Source Code: enthält die Java-Quelldateien des DITA Open Toolkit

Zusätzliche Software
Das DITA Open Toolkit benötigt Java (JRE oder JDK) in Version 7 oder höher von Oracle (Java). Für eine Transformation nach HTML Help (CHM) benötigen Sie den Microsoft HTML Help Workshop (MS Help WS).

```
C:\dita-ot-2
```

Komponenten installieren

Entpacken Sie das DITA Open Toolkit nach dem Download in ein Verzeichnis Ihrer Wahl. Für die weiteren Beispiele verwenden wir hier:

```
C:\dita-ot-2\bin
```

Optional, aber für einen einfacheren Aufruf des DITA Open Toolkit empfohlen: Erweitern Sie die PATH-Systemvariable Ihres Rechners um den Pfadnamen des bin-Verzeichnisses, hier:

Zusätzlich zum DITA Open Toolkit muss Java installiert werden. Das DITA Open Toolkit ist mit Java Version 7 getestet.

Wenn Sie HTML Help (CHM) erzeugen möchten, installieren Sie den HTML Help Workshop.

12.3 Ausgaben mit DITA Open Toolkit erzeugen

Das DITA Open Toolkit arbeitet kommandozeilenorientiert. Starten Sie zunächst

```
dita
```

die Eingabeaufforderung (Windows) bzw. ein Terminalfenster (Linux und Mac).

```
C:\dita-ot-2\bin\dita
```

Wenn Sie den Pfadnamen des bin-Verzeichnisses in die PATH-Systemvariable aufgenommen haben, können Sie das DITA Open Toolkit wie folgt aufrufen:

Andernfalls geben Sie den Pfad zum DITA Open Toolkit mit an, hier:

Das Kommando gibt eine kurze Übersicht über die Aufrufparameter aus.

12.4 Die erste Publikation

Um das DITA-Beispieldokument („garage sample") nach XHTML zu publizieren, geben Sie Folgendes ein (für den Fall, dass Sie die PATH-Systemvariable erweitert haben):

```
dita -f xhtml -i C:\dita-ot-2\samples\hierarchy.ditamap -o outdir
```

Das Ergebnis finden Sie im Unterverzeichnis `outdir` im aktuellen Verzeichnis.

12.5 Parameter für die Publikation

Um mit dem Kommando `dita` zu publizieren, müssen Sie mindestens die beiden Parameter `-f` und `-i` angeben. Alle weiteren Parameter sind optional. Tabelle 12.3 listet die Parameter.

Tab. 12.3 Aufrufparameter des DITA Open Toolkit

	Bedeutung
`-f <ausgabeformat>`	Gewünschtes Publikationsformat Standardmäßig stehen im DITA Open Toolkit folgende Ausgabeformate zur Verfügung: `docbook, eclipsecontent, eclipsehelp, html5, htmlhelp, javahelp, odt, pdf, pdf2, tocjs, troff, wordrtf, xhtml`
`-i <eingabedatei>`	Absoluter oder relativer Pfad zur Map Ihres DITA-Dokuments
`-o <ausgabeverzeichnis>`	Absoluter oder relativer Pfadname des Verzeichnisses, in das die Publikation geschrieben werden soll
`-filter <eingabedatei>`	Absoluter oder relativer Pfad zur Ditaval-Datei
`-temp <verzeichnis>`	Absoluter oder relativer Pfadname des Verzeichnisses, in das temporäre Dateien geschrieben werden sollen
`-v`	Erzeugt ausführliche Logging-Ausgaben
`-d`	Erzeugt ausführliche Debugging-Ausgaben
`-l`	Absoluter oder relativer Pfadname zur Datei, in die die Logging-Ausgaben geschrieben werden
`-D<parameter>=<wert>`	Parameter für die Transformation Je Parameter müssen Sie ein `-D` angeben Die möglichen Parameter für die einzelnen Transformationen sind in der Dokumentation zum DITA Open Toolkit beschrieben
`-propertyfile <datei>`	Parameter für die Transformation Sie können einen ganzen Parametersatz in einer Datei festlegen, insbesondere, wenn Sie dieselben Parameter immer wieder verwenden wollen

DITA-Spezialisierung

13

DITA bietet die Möglichkeit, auf Basis der vordefinierten Grundtypen neue Domänen und Typen zu definieren. Diese Anpassungen und Erweiterungen werden Spezialisierung genannt. Nach dem Prinzip der Vererbung werden die für die Ausgangstypen vorgenommenen Festlegungen an die abgeleiteten neuen Typen weitervererbt und können bei Bedarf spezifisch angepasst oder erweitert werden. Abbildung 13.1 zeigt das Prinzip am Beispiel von Spezialisierungen des Topic-Typs `reference`.

Anpassungen und Erweiterungen können in mehrfacher Hinsicht vorgenommen werden:

- Topic-Typen können ergänzt werden.
- Für Inhalte, die durch die vorhandenen Elemente nicht abgedeckt werden, können neue Domänen eingeführt werden.
- Für spezielle Informationsgebilde können eigene MAP-Domänen angelegt werden.

DITA gibt die Regeln für die Spezialisierung vor. Ein neuer Topic-Typ muss auf einem vorhandenen aufsetzen und den Inhalt weiter einschränken.

Eine Spezialisierung sollte wohl-überlegt sein. In der Regel reicht der Standard aus, um Inhalte sinnvoll zu strukturieren. Und DITA wird kontinuierlich weiterentwickelt, so dass eine aufwändige eigene Spezialisierung eher nachteilig sein kann, weil zukünftige Standard-Versionen diese Erweiterungen auch enthalten. Der Glossentry- und Troubleshooting-Topic-Typ sind Beispiele dafür.

© Springer Fachmedien Wiesbaden 2015
S. Closs, *DITA – der topic-basierte XML-Standard*, essentials,
DOI 10.1007/978-3-658-11615-6_13

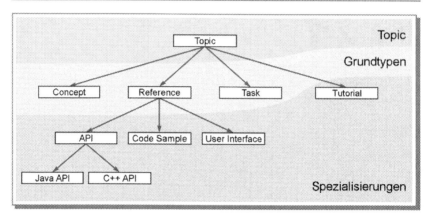

Abb. 13.1 Spezialisierungen des Topic-Typs `reference`

Warum lohnt es sich, auf DITA zu setzen? 14

DITA setzt auf die topic-orientierte Strukturierung und bietet daher bei korrektem Einsatz alle Vorteile dieser Strukturierungstechnik:

- vielfältige Wiederverwendungsmöglichkeiten
- effiziente Variantenbildung
- gute Möglichkeiten, passende Zugänge bereitzustellen
- Unterstützung für die Zusammenarbeit

In Kombination mit einem passenden Klassenkonzept können alle Dokumentationsprozesse schlanker aufgestellt werden:

- Für die Erstellungsseite ist es einfacher, einzelne Topics zu erstellen und zu bearbeiten als ein komplettes Dokument.
- Autoren mit unterschiedlichem Fachwissen können gleichzeitig an einem Bestand von Topics arbeiten. Auf diese Weise kann eine Überarbeitung schnell und ohne Qualitätsverlust erfolgen.
- Topics können einzeln geprüft werden, noch bevor das gesamte Informationsprodukt fertig ist.
- Bei Updates brauchen lediglich die neuen und überarbeiteten Topics publiziert werden.
- Die Übersetzung kann mit den fertig-gestellten Topics schon starten, auch wenn noch Inhalte bearbeitet werden.

DITA bietet einen formalen Rahmen für die Umsetzung bewährter Dokumentationstechniken und -praktiken, die zur Lösung heutiger Anforderungen geeignet sind. DITA eignet sich daher hervorragend als Quellformat, um auf Autorenseite für schnelle und vielfältige Entwicklungen gerüstet zu sein.

© Springer Fachmedien Wiesbaden 2015
S. Closs, *DITA – der topic-basierte XML-Standard,* essentials,
DOI 10.1007/978-3-658-11615-6_14

Auf Basis von DITA lässt sich eine produktive Dokumentationsumgebung für die topic-basierte Strukturierung effizient aufbauen und flexibel nach Bedarf weiterentwickeln.

Die schlagenden Vorteile, die sich durch die DITA-Konzepte und die Standardisierung ergeben, sind Kosteneinsparung und Investitionssicherheit. DITA gibt einen Rahmen vor, in dem Autoren direkt mit der Arbeit beginnen können – ohne langwierige Strukturfindungsprozesse, die viel Geld kosten. Wachsende Verbreitung und breite Tool-Unterstützung sorgen hoffentlich für eine langfristig verfügbare technische Basis.

Der breite, unternehmensübergreifende Einsatz derselben Basisarchitektur ermöglicht zudem, dass nach und nach Strukturierungs-Know-how für Informationsprodukte wächst, aus dem neue Standards entstehen können. Nicht nur für die Inhalte auf unterster Ebene können Standards entstehen, sondern auch für die daraus zusammengestellten Informationsprodukte wie zum Beispiel unterschiedliche Handbuchtypen, Online-Hilfen, mobile Inhalte. Der breite Einsatz solcher Standards wiederum würde Austauschbarkeit und Automatisierung in ganz anderen Dimensionen als heute möglich machen. Zudem würde Autoren viel Zeit und Arbeit erspart, die sie gewinnbringend in die Inhalte investieren könnten.

Je mehr DITA genutzt wird, desto mehr wird auch die Nutzungsseite tool-mäßig unterstützt. Die Ausgabe von DITA-Quellen ins EPUB-Format ist bereits vorhanden. Es gibt Wikis auf Drupal-Basis, die DITA als Quellformat nutzen, und es entstehen immer mehr Tools, die aus DITA-getaggten Daten automatisch Inhalte für die mobile Darbietung generieren.

Was Sie aus diesem Essential mitnehmen können

- DITA ist ein etablierter Standard, der sich als Quellformat in jedem Bereich und für alle Arten von Informationsprodukten eignet.
- Die topic-basierte Strukturierung ist eine gute Basis, um die heutigen Anforderungen des Informationsmanagements flexibel und effizient zu erfüllen.
- Die Topic-Modelle (Templates) eines Klassenkonzepts machen den Erstellungsprozess einfacher und lassen den Autoren mehr Zeit für die eigentlichen Inhalte.
- Aus Nutzungssicht treffen Topics die heutigen Informationserwartungen besser als Buchkapitel oder ganze Bücher. Gute Topics sind kurz und verständlich. Sie liefern Informationen knapp und zielgerichtet. Ausgestattet mit Metadaten eignen sie sich für Just-in-time Antworten, die passend zur aktuellen Situation basierend auf den Metadaten automatisiert gefunden werden.
- Standard-konforme Umgebungen können Inhalte mit anderen standard-konformen Umgebungen austauschen und profitieren von der Weiterentwicklung des Standards und der zugehörigen Tools.

© Springer Fachmedien Wiesbaden 2015
S. Closs, *DITA – der topic-basierte XML-Standard*, essentials,
DOI 10.1007/978-3-658-11615-6

Literatur

Bellamy L et al (2012) DITA best practices: a roadmap for writing, editing, and architecting in DITA. IBM Press, Upper Saddle River

Closs S (2011) Single Source Publishing: Modularer Content für EPUB & CO, 2. Aufl. entwickler.press, Frankfurt a. M.

Closs S (2014a) Informationsarchitektur – Junge Disziplin mit großer Zukunft. Dok Magazin 3:69–72

Closs S (2014b) Contextual content. tcworld e-magazine. http://www.tcworld.info/e-magazine/technical-communication/article/contextual-content/. Zugegriffen: 14. Aug 2015

Day D, Hargis G, Priestley M (2005) Frequently asked questions about the Darwin information typing architecture. http://www.ibm.com/developerworks/library/x-dita3/#N104. Zugegriffen: 14. Aug 2015

DITA OT: DITA Open Toolkit. http://www.dita-ot.org/download. Zugegriffen: 14. Aug 2015

DITA XML.org. http://dita.xml.org. Zugegriffen: 14. Aug 2015

Fritz M (2008) DITA in der Technischen Kommunikation – eine Entscheidungshilfe für den Einsatz. tekom, Stuttgart

Glushko RJ (2013) The discipline of organizing. MIT, Cambridge

Horn RE (1986) Engineering of documentation—the information mapping approach. Information Mapping, Inc, Waltham

Java. https://www.java.com/de/download/. Zugegriffen: 14. Aug 2015

MS Help WS: MS HTML Help Workshop. http://www.microsoft.com/en-us/download/details.aspx?id=21138. Zugegriffen: 14. Aug 2015

Muthig J, Schäflein-Armbruster R (2014) Funktionsdesign® – methodische Entwicklung von Standards. In: Muthig J (Hrsg) Standardisierungsmethoden für die Technische Dokumentation, 2. Aufl. tcworld GmbH, Suttgart, S 41–73

OASIS (2010) Darwin information typing architecture (DITA) version 1.2. http://docs.oasis-open.org/dita/v1.2/spec/DITA1.2-spec.pdf. Zugegriffen: 14. Aug 2015

Rockley A (2003) Managing enterprise content, a unified content strategy. New Riders, Berkeley

© Springer Fachmedien Wiesbaden 2015
S. Closs, *DITA – der topic-basierte XML-Standard*, essentials,
DOI 10.1007/978-3-658-11615-6

Printed in the United States
By Bookmasters